São Tarcísio

Elam de Almeida Pimentel

São Tarcísio
Mártir da Eucaristia e padroeiro dos coroinhas, acólitos e cerimoniários

Novena e ladainha

Petrópolis

© 2024, Editora Vozes Ltda.
Rua Frei Luís, 100
25689-900 Petrópolis, RJ
www.vozes.com.br
Brasil

Todos os direitos reservados. Nenhuma parte desta obra poderá ser reproduzida ou transmitida por qualquer forma e/ou quaisquer meios (eletrônico ou mecânico, incluindo fotocópia e gravação) ou arquivada em qualquer sistema ou banco de dados sem permissão escrita da editora.

CONSELHO EDITORIAL	PRODUÇÃO EDITORIAL
Diretor	Aline L.R. de Barros
Volney J. Berkenbrock	Jailson Scota
	Marcelo Telles
Editores	Mirela de Oliveira
Aline dos Santos Carneiro	Natália França
Edrian Josué Pasini	Otaviano M. Cunha
Marilac Loraine Oleniki	Priscilla A.F. Alves
Welder Lancieri Marchini	Rafael de Oliveira
	Samuel Rezende
Conselheiros	Vanessa Luz
Elói Dionísio Piva	Verônica M. Guedes
Francisco Morás	
Gilberto Gonçalves Garcia	
Ludovico Garmus	
Teobaldo Heidemann	

Secretário executivo
Leonardo A.R.T. dos Santos

Editoração: Editora Vozes
Diagramação: Editora Vozes
Revisão gráfica: Nilton Braz da Rocha
Capa: Editora Vozes

ISBN 978-85-326-7090-8

Este livro foi composto e impresso pela Editora Vozes Ltda.

Sumário

1 Apresentação, 7
2 Histórico da devoção a São Tarcísio, 9
3 Novena de São Tarcísio, 11
    1º dia, 11
    2º dia, 12
    3º dia, 13
    4º dia, 15
    5º dia, 16
    6º dia, 17
    7º dia, 18
    8º dia, 19
    9º dia, 21
4 Orações a São Tarcísio, 23
5 Ladainha de São Tarcísio, 27

1
Apresentação

Há poucos dados sobre São Tarcísio. Tendo vivido entre os anos de 245 e 257, ele é mártir da Igreja.

Naquela época a Igreja em Roma contava com cerca de 50 sacerdotes, 7 diáconos e 50 mil fiéis. O coroinha Tarcísio tinha 12 anos e auxiliava o Papa Sisto II nas missas.

Sob a perseguição do Imperador Valeriano, muitos cristãos foram presos e desejavam receber a Santa Eucaristia enquanto aguardavam a morte. Porém, era difícil entrar nas prisões. A solução, finalmente acatada pelo Papa Sisto II, foi deixar essa tarefa aos cuidados de Tarcísio, que foi abordado e morto no caminho das prisões.

Ele é padroeiro dos acólitos, coroinhas e cerimoniários, como também dos operários que sofrem perseguições em decorrência de sua crença religiosa.

Este livrinho contém o histórico da devoção a São Tarcísio, novena, orações, ladainha e passagens bíblicas, seguidas de oração e pedido especial.

2
Histórico da devoção a São Tarcísio

A devoção a São Tarcísio teve início com o seu martírio. Embora fosse alertado sobre o perigo de ser descoberto ao levar a Eucaristia aos prisioneiros – inclusive com o risco de morte –, ele pensava que não despertaria desconfiança por ser uma criança. Mas, acima de tudo, estava disposto a correr esse risco.

Ao passar pela Via Ápia, a caminho das prisões, alguns rapazes notaram que ele segurava algo escondido na roupa, e o interrogaram. Negando-se a responder, Tarcísio foi espancado e apedrejado até à morte.

Seu corpo, recolhido por um soldado cristão, foi sepultado nas Catacumbas de São Calisto, em Roma, junto ao Papa Stefano.

Posteriormente, o Papa Dâmaso I mandou colocar na sepultura de Tarcísio uma inscrição, seguida da data de sua morte: 15/08/257.

Em 767, o Papa Paulo I determinou que os restos mortais de Tarcísio fossem transferidos para a Basílica de São Silvestre, Vaticano, junto a outros mártires. E, por fim, em 1596, seus restos mortais foram depositados sob o altar principal dessa basílica.

3
Novena de São Tarcísio

1º dia

Iniciemos com fé este primeiro dia de nossa novena, invocando a presença da Santíssima Trindade: em nome do Pai e do Filho e do Espírito Santo. Amém.

Leitura do Evangelho: Lc 22,19

> E tomando um pão, deu graças, partiu-o e deu-lhes, dizendo: "Isto é o meu corpo, que é dado por vós. Fazei isso em memória de mim".

Reflexão

Esta passagem do Evangelho nos faz refletir que Jesus, ao dizer "Isto é o meu corpo [...]", está se referindo à concessão da vida dele por nós. Para os cristãos, a Eucaristia é a reafirmação do elo com o Senhor.

Oração

São Tarcísio, ensinai-me a ser semelhante a vós: guardião da Eucaristia, protetor do Corpo de Cristo.

São Tarcísio, suplico-vos que me alcanceis a graça de que tanto necessito.... (fale a graça a ser alcançada).

Pai-nosso.

Ave-Maria.

Glória-ao-Pai.

São Tarcísio, intercedei por nós!

2º dia

Iniciemos com fé este segundo dia de nossa novena, invocando a presença da Santíssima Trindade: em nome do Pai e do Filho e do Espírito Santo. Amém.

Leitura do Evangelho: Jo 20,31

[...] para que creiais que Jesus é o Cristo, o Filho de Deus, e para que, crendo, tenhais a vida em seu nome.

Reflexão

Jesus é o caminho; nossa salvação, sempre. Ele pode tudo, é o Deus do impossível que muito nos ama. Ele é o nosso guia, nosso pastor.

Oração

Glorioso São Tarcísio, ajudai-me a ver Jesus sempre como meu guia e salvador.

Com fé e total confiança, a vós suplico a graça de que tanto necessito... (fale a graça a ser alcançada).

Pai-nosso.

Ave-Maria.

Glória-ao-Pai.

São Tarcísio, intercedei por nós!

3º dia

Iniciemos com fé este terceiro dia de nossa novena, invocando a presença da Santíssima Trindade: em nome do Pai e do Filho e do Espírito Santo. Amém.

Leitura bíblica: Sl 23(22),4

Ainda que eu ande por um vale de espessas trevas, não temerei mal algum, porque Tu estás comigo; teu bastão e teu cajado me confortam.

Reflexão

Deus é nosso Pai, que cuida de nós com amor. São Tarcísio acreditou no amor divino oferecendo-se a levar a Eucaristia aos cristãos condenados à morte.

Oração

São Tarcísio, fortalecei-me na minha fé em Deus, ajudando-me a enfrentar as situações difíceis.

Glorioso São Tarcísio, alcançai-me a graça que a vós suplico... (fale a graça a ser alcançada).

Pai-nosso.

Ave-Maria.

Glória-ao-Pai.

São Tarcísio, intercedei por nós!

4º dia

Iniciemos com fé este quarto dia de nossa novena, invocando a presença da Santíssima Trindade: em nome do Pai e do Filho e do Espírito Santo. Amém.

Leitura bíblica: Sl 37(36),24

> Se cair, não ficará por terra porque o Senhor o segura pela mão.

Reflexão

Este salmo desperta em nós a certeza de que Deus é nossa esperança, nossa libertação de todo mal. Mostra que, com fé, enfrentamos qualquer provação em nossa vida.

Oração

Tarcísio, santo querido, protegei-me contra maldades e perseguições.

Confio em vossa intercessão, junto ao Pai todo-poderoso, para alcançar a graça de que tanto necessito... (fale a graça a ser alcançada).

Pai-nosso.

Ave-Maria.

Glória-ao-Pai.

São Tarcísio, intercedei por nós!

5º dia

Iniciemos com fé este quinto dia de nossa novena, invocando a presença da Santíssima Trindade: em nome do Pai e do Filho e do Espírito Santo. Amém.

Leitura do Evangelho: Mt 26,39

[...] Pai, se for possível, afasta de mim este cálice; contudo, não se faça como eu quero, mas como Tu queres.

Reflexão

Nossa força está em Deus. Coloquemos em suas mãos nossa vida, conforme Jesus o fez em sua dor e agonia. São Tarcísio assim também fez ao se oferecer para levar a Eucaristia aos sentenciados de morte, sabendo do perigo que corria.

Oração

São Tarcísio, em vossas mãos coloco toda a minha angústia.

Concedei-me a graça de que tanto necessito... (fale a graça a ser alcançada).

Pai-nosso.

Ave-Maria.

Glória-ao-Pai.

São Tarcísio, intercedei por nós!

6º dia

Iniciemos com fé este sexto dia de nossa novena, invocando a presença da Santíssima Trindade: em nome do Pai e do Filho e do Espírito Santo. Amém.

Leitura do Evangelho: Jo 16,33

Disse-vos estas coisas para que tenhais paz em mim. No mundo tereis aflições. Mas tende coragem! Eu venci o mundo!

Reflexão

Ter fé é muito importante em nossa vida, e a ressurreição de Jesus o confirma; Ele aparece para os apóstolos, cumprindo o que prometera.

Oração

São Tarcísio, santo de fé e coragem, que enfrentastes vossos algozes defendendo as hóstias sagradas, socorrei-me neste momento de aflição, alcançando-me a graça de que necessito... (fale a graça a ser alcançada).

Pai-nosso.

Ave-Maria.

Glória-ao-Pai.

São Tarcísio, intercedei por nós!

7º dia

Iniciemos com fé este sétimo dia de nossa novena, invocando a presença da Santíssima Trindade: em nome do Pai e do Filho e do Espírito Santo. Amém.

Leitura do Evangelho: Jo 6,48-51

Eu sou o pão da vida. Vossos pais comeram o maná no deserto e morreram. Este é o pão que desce do céu, para que não morra quem dele comer. Eu sou o pão vivo descido do céu. Se alguém comer deste pão viverá para sempre. E o pão que eu darei é minha carne para a vida do mundo.

Reflexão

Jesus é quem nos dá o pão que alimenta o corpo mas também o espírito. Ele é o sustentador da vida.

Oração

São Tarcísio, ensinai-me a servir ao próximo e a me dedicar a Deus, acreditando em sua presença na hóstia consagrada.

Glorioso São Tarcísio, alcançai-me a graça de que muito necessito... (fale a graça a ser alcançada).

Pai-nosso.

Ave-Maria.

Glória-ao-Pai.

São Tarcísio, intercedei por nós!

8º dia

Iniciemos com fé este oitavo dia de nossa novena, invocando a presença da Santíssima Trindade: em nome do Pai e do Filho e do Espírito Santo. Amém.

Leitura bíblica: 1Jo 3,18

Filhinhos, não amemos com palavras nem com a língua, mas com obras e de verdade.

Reflexão

Nesta passagem está clara a necessidade de mostrar nosso amor pelo próximo com obras concretas, pois ajudar o próximo é a demonstração de que amamos a Deus. Amor e caridade devem fazer parte de nossa vida.

Oração

Poderoso São Tarcísio, auxiliai-me em minhas tribulações.

Suplico-vos que me alcanceis a graça de que tanto necessito... (fale a graça a ser alcançada).

Pai-nosso.

Ave-Maria.

Glória-ao-Pai.

São Tarcísio, intercedei por nós!

9º dia

Iniciemos com fé este nono dia de nossa novena, invocando a presença da Santíssima Trindade: em nome do Pai e do Filho e do Espírito Santo. Amém.

Leitura bíblica: Sl 34(33),2-5

Bendirei o Senhor em todo tempo, o seu louvor estará sempre nos meus lábios. / A minha alma gloria-se no Senhor; escutem-me os humildes e se alegrem: / Engrandecei comigo o Senhor e exaltemos juntos o seu nome! / Procurei o Senhor e Ele me respondeu; livrou-me de todos os meus temores.

Reflexão

Com fé, oração e esperança em Deus enfrentaremos qualquer provação em nossa vida. Rezar e louvar o Senhor ameniza nossa dor, pois nossa força está nele.

Oração

Ó querido São Tarcísio, dai-me força para enfrentar com fé as dificuldades da vida e atendei a minha súplica... (fale a graça a ser alcançada).

Pai-nosso.

Ave-Maria.

Glória-ao-Pai.

São Tarcísio, intercedei por nós!

4
Orações a São Tarcísio

Oração 1

São Tarcísio, ajudai-nos a consagrar nossa vida a Deus. Ensinai-nos a adorar a Cristo e a servir ao próximo com firmeza, alegria e dedicação. Intercedei por nós, ó São Tarcísio! Concedei-nos saúde, vontade de viver e coragem para perseverar.

Oração 2

Ó glorioso São Tarcísio, que agora no céu estais gozando o prêmio de vosso amor verdadeiro a Deus, de felicidade e proteção constante à Santa Eucaristia.

Abençoai nossas famílias e os devotos que buscam em vós o amor e a coragem de lutar por Jesus Cristo.

Quero, neste dia, imitar vossa bravura, sentindo em meu coração a presença da Santa Eucaristia, seguindo a Jesus Cristo, amando e respeitando o serviço de vossa Igreja e o magistério de nossa fé.

Livrai-me da maldade e de tudo o que pode me separar de Deus, do próximo e da salvação eterna. Concedei-me a graça que desejo alcançar... (fazer o pedido).

Graças e louvores sejam dados a cada momento ao santíssimo e diviníssimo sacramento.

Oração 3

Senhor, Deus de bondade, olhai pelos nossos jovens e abençoai-nos com a luz do vosso amor. Que pela intercessão de São

Tarcísio os jovens sejam conduzidos no caminho da bondade e da justiça, e que eles se esforcem em realizar a vossa vontade. Por Cristo, nosso Senhor. Amém.

5
Ladainha de São Tarcísio

Senhor, tende piedade de nós.
Jesus Cristo, tende piedade de nós.
Senhor, tende piedade de nós.

Jesus Cristo, ouvi-nos.
Jesus Cristo, atendei-nos.

Pai Celeste, que sois Deus, tende piedade de nós.
Deus Filho, redentor do mundo, tende piedade de nós.
Deus Espírito Santo, tende piedade de nós.
Santíssima Trindade, que sois um só Deus, tende piedade de nós.

Santa Maria, Mãe de Deus, rogai por nós.

Santa Maria, Rainha dos Mártires, rogai por nós.

São Tarcísio, exemplo de vida cristã, rogai por nós.

São Tarcísio, jovem de coração puro, rogai por nós.

São Tarcísio, perseverante na fé, rogai por nós.

São Tarcísio, mártir da Eucaristia, rogai por nós.

São Tarcísio, coroinha dedicado, rogai por nós.

São Tarcísio, padroeiro dos coroinhas, rogai por nós.

São Tarcísio, padroeiro dos cerimoniários, rogai por nós.

São Tarcísio, santo guerreiro, rogai por nós.

São Tarcísio, santo das horas difíceis, rogai por nós.

São Tarcísio, santo milagroso, rogai por nós.

Cordeiro de Deus, que tirais o pecado do mundo, perdoai-nos, Senhor.

Cordeiro de Deus, que tirais o pecado do mundo, ouvi-nos, Senhor.
Cordeiro de Deus, que tirais o pecado do mundo, tende piedade de nós.

Jesus Cristo, ouvi-nos.
Jesus Cristo, atendei-nos.

Rogai por nós, São Tarcísio, para que sejamos dignos das promessas de Cristo.

Conecte-se conosco:

- **f** facebook.com/editoravozes
- **◉** @editoravozes
- **𝕏** @editora_vozes
- **▶** youtube.com/editoravozes
- **☎** +55 24 2233-9033

www.vozes.com.br

Conheça nossas lojas:
www.livrariavozes.com.br

Belo Horizonte – Brasília – Campinas – Cuiabá – Curitiba
Fortaleza – Juiz de Fora – Petrópolis – Recife – São Paulo

EDITORA VOZES LTDA.
Rua Frei Luís, 100 – Centro – Cep 25689-900 – Petrópolis, RJ
Tel.: (24) 2233-9000 – E-mail: vendas@vozes.com.br